D0118704

Yo soy la humanidad

Jeffrey Bennett

Diseño y producción: Mark Stuart Ong, Side by Side Studios
Edición: Joan Marsh
Traducción al español: Luis y Miriam Shein

Publicado en los Estados Unidos por
Big Kid Science
Boulder, Colorado
www.BigKidScience.com

ISBN: 978-1-937548-56-8
También disponible en inglés: *I, Humanity*

Ilustraciones

Cubierta: Phil Schermeister/Corbis
pág. 3 Imagen compuesta de la Tierra: NASA
pág. 5 La Tierra, el sistema solar, el universo: Pearson
pág. 5 La Vía Láctea: Mike Carroll
pág. 6 El grabado Flammarion: artista desconocido; coloreado por Roberta Weir, Garcia Weir Gallery
pág. 7 Stonehenge: Wikimedia Commons/dominio público/Mavratti
pág. 7 Petra: Wikimedia Commons/Berthold Werner
pág. 7 Angkor Wat: Wikimedia Commons/dominio público
pág. 7 Imágenes de la Luna: Wikimedia Commons/Jay Tanner
pág. 8 Fotografía de trayectorias de las estrellas: Jerry Lodriguss
pág. 9 Fotografía de un eclipse lunar: Itahisa González Álvarez
pág. 10 Fotografía de planetas en el cielo: Jerry Lodriguss
pág. 10 Fotografía del retroceso de Marte: Cenk E. Tezel & Tunç Tezel
pág. 12 Astrolabio: Museum of the History of Science
pág. 12 París en la noche: Serge Brunier
pág. 14 Galileo y vistas de su telescopio: Mike Carroll
pág. 15 Libro: Wikimedia Commons/Andrew Dunn
pág. 15 Choque de galaxias: NASA/Telescopio Espacial Hubble
pág. 17 La Tierra: NASA/Expedición Estación Espacial Internacional, Tripulación 7
pág. 18 La Vía Láctea (ambas): Mike Carroll
pág. 19 HXDF Hubble: NASA/Telescopio Espacial Hubble
pág. 20 Nebulosa de Orión, Nebulosa del Cangrejo: NASA/Telescopio Espacial Hubble
pág. 21 El Telescopio Espacial Hubble y la Tierra: NASA/Telescopio Espacial Hubble
pág. 22 Estación Espacial Internacional: NASA
pág. 22 Aldrin en la Luna: NASA/Apolo 11
pág. 22 Voyager: NASA/JPL
pág. 23 Marte: NASA/JPL
pág. 23 Europa: Mike Carroll
pág. 23 Titán: Kees Veenenbos
pág. 24 Abell 383: NASA/Telescopio Espacial Hubble
pág. 25 Ambas ilustraciones: Mike Carroll
pág. 26–7 Florin Prunoiu/Corbis
pág. 32 Fotografías: NASA/JAXA

Diagramas en las páginas 6, 8, 9, 11, 13, 16, 17, 18, 19, 21, 24: Adaptados de Bennett, Jeffrey; Donahue, Megan; Schneider, Nicholas; Voit, Mark *The Cosmic Perspective,* 7th Edition (2015), con permiso de Pearson Education, Upper Saddle River, NJ

También por Jeffrey Bennett

Para niños:
Max Goes to the Moon
Max viaja a la luna
Max Goes to Mars
Max viaja a Marte
Max Goes to Jupiter
Max Goes to the Space Station
Max viaja a la Estación Espacial
The Wizard Who Saved the World
El mago que salvó al mundo

Para adultos:
What Is Relativity?
Math for Life
On Teaching Science
Beyond UFOs

Libros de texto:
The Cosmic Perspective (serie de textos)
Life in the Universe
Using and Understanding Mathematics
Statistical Reasoning for Everyday Life

Expertos que revisaron este libro

Tomita Akihiko, Wakayama University, Japan
Georgia Bracey, Southern Illinois University
Tyson Brown, National Science Teachers Association
Megan Donahue, Michigan State University
Rosa Doran, NUCLIO, Portugal
Alvin Drew, astronauta de la NASA
Edward Gomez, Las Cumbres Observatory, UK
Itahisa González Álvarez, física, España
Nicole Gugliucci, Saint Anselm College
Hans Haubold, United Nations Office for Outer Space Affairs
Robert Hollow, CSIRO, Australia
Brian Kruse, Astronomical Society of the Pacific
Larry Lebofsky, Planetary Science Institute
Susan Lederer, NASA Johnson Space Center
Mark Levy, St. Johns University
Jim McConnell, University of Texas, Dallas
Kevin McLin, Sonoma State University
Gladys Salm, Hammer Montessori, San Jose, CA
Cecilia Scorza, Haus der Astronomie, Germany
Steve Sherman, Living Maths, South Africa
Seth Shostak, SETI Institute
Linda Strubbe, University of British Columbia
Patricia Tribe, Story Time From Space
Helen Zentner, asesora educativa

Dedicatoria

Desde el espacio, vemos a la Tierra como realmente es: un pequeño y hermoso planeta que todos compartimos. Por lo tanto, dedico este libro a todos los humanos, con la esperanza de que al entender lo que tenemos en común, esto nos inspirará a construir un futuro de paz y prosperidad que algún día les permita a nuestros descendientes viajar a las estrellas.

También dedico este libro a Patricia Tribe, Alvin Drew y a los astronautas de la Estación Espacial Internacional. Con su creación de las emisiones *Story Time From Space*, han demostrado, una vez más, que realmente es posible convertir algo imaginado en una realidad.

Introducción

¿Cuál es nuestro lugar en el universo? Esta pregunta fundamental ha sido formulada por casi todas las personas que han vivido, pero hasta hace relativamente poco tiempo nadie sabía realmente la respuesta correcta. Hoy en día la conocemos. Gracias a la labor combinada de investigadores y científicos, tanto hombres como mujeres, y de casi todas las razas, religiones, culturas y nacionalidades, sabemos que vivimos en un planeta llamado Tierra que gira en órbita alrededor de una estrella (el Sol) en una galaxia (la Vía Láctea) en un universo lleno de maravillas que nuestros ancestros nunca pudieron haberse imaginado.

La historia de cómo hemos aprendido tanto acerca de nuestra posición en el universo debería llenarnos a todos de orgullo y darnos esperanza para el futuro. Después de todo, si podemos contestar una pregunta tan profunda y tan antigua acerca de nuestra propia existencia, seguramente tenemos la capacidad necesaria para resolver los problemas de nuestro tiempo.

Por supuesto que sólo podemos aprender algo de una historia si estamos familiarizados con ella. Lo triste es que, aun cuando esta historia en particular pertenece a toda la raza humana, mucha gente no ha tenido el privilegio de escucharla. Mi intención en este libro es la de compartir esta historia más ampliamente y, espero, de hacerlo en una forma sencilla y a la vez emocionante.

Ten en cuenta que, para lograr que este libro no sea demasiado largo, he tenido que simplificar muchos conceptos y dejar de mencionar algunos eventos históricos y descubrimientos importantes. Espero que tú, el lector, complementarás las omisiones por ti mismo. Además, con la ayuda de mis amigos que transmiten *Story Time From Space*, hemos creado una página web que te dará muchos detalles y actividades adicionales que puedes hacer tanto en casa como en la escuela. Espero que visites el sitio: **www.BigKidScience.com/ihumanity**.

Quizá sea ingenuo, pero creo que la historia que aquí se cuenta es una historia importante—que nos ayudará a aprender a colaborar unos con otros a fin de construir un futuro mejor. Espero que estés de acuerdo conmigo.

¡Alcanza a las estrellas!

Jeffrey Bennett

Cómo leer este libro

La historia principal está escrita con letras de mayor tamaño.

Las ilustraciones y sus descripciones ofrecen detalles adicionales sobre las ideas que aparecen en la historia.

El narrador ("yo") representa a toda la raza humana. Al ir leyendo, imagínate que eres la humanidad que crece desde su infancia (hace muchísimo tiempo) hasta ser un joven adulto (hoy en día).

Imagínate que pudieras representar el transcurso de la raza humana a través de miles de años de historia y de ciencia. En las páginas siguientes, encontrarás la historia que contarías de cómo hemos llegado a entender qué lugar ocupa la Tierra en un universo inmenso.

▼ Nuestro lugar en el universo según lo conocemos hoy en día: La Tierra es un *planeta* (el tercero desde el Sol) en nuestro *sistema solar*. Nuestro sistema solar es uno entre más de 100 mil millones de sistemas solares en la galaxia llamada la Vía Láctea. Nuestra galaxia es una entre más de 100 mil millones de galaxias en nuestro universo.

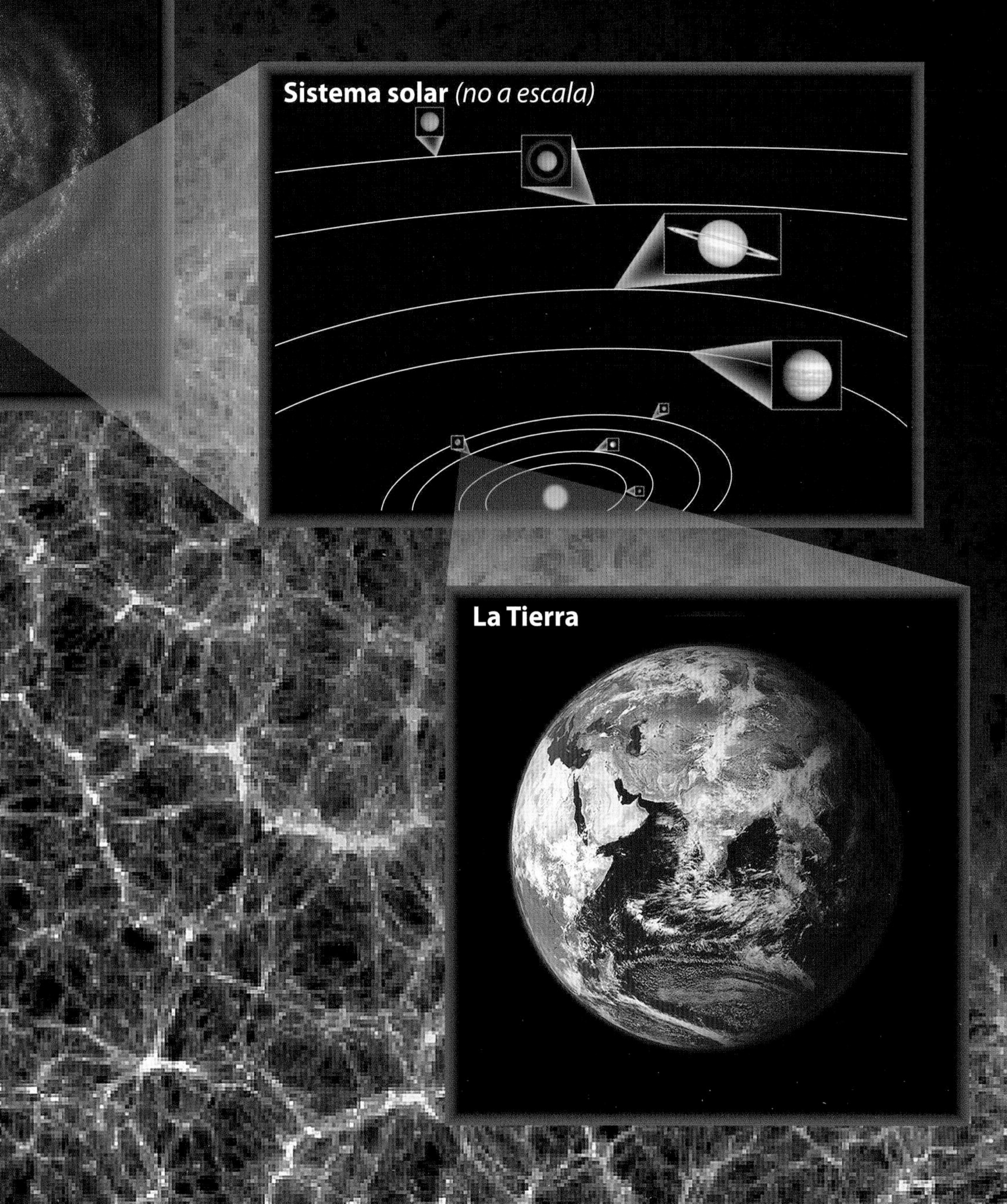

Hace miles de años, cuando era yo todavía un niño, empecé a tratar de entender el mundo que me rodeaba. Una de mis primeras memorias es el espectáculo de la noche estrellada, como si fuera una cúpula sobre un mundo que parecía plano. Naturalmente, pensé que esta imagen representaba a la realidad. Me preguntaba sobre qué estaba apoyada la Tierra y qué habría más allá de las estrellas.

▲ La idea de que la Tierra era plana y estaba cubierta por un cielo en forma de cúpula era común entre los antiguos, ya que parecía explicar lo que vemos en nuestra vida diaria. Después de todo, cuando miras hacia el horizonte, la Tierra parece ser plana (si no tomas en cuenta las montañas y los valles) y durante la noche, las estrellas parecen llenar una gran cúpula que se extiende abajo hacia el horizonte en todas las direcciones.

E
N
S
O

La trayectoria del Sol en el solsticio de junio

La trayectoria del Sol en los equinoccios

La trayectoria del Sol en el solsticio de diciembre

◄ El Sol siempre se levanta por el este y se pone en el oeste, pero su trayectoria precisa varía con las estaciones. Este diagrama muestra la trayectoria del Sol en fechas especiales para una latitud de 40°N, que incluye las ciudades de Denver, Nueva York, Madrid, Estambul, Bakú y Beijing. La trayectoria del Sol cambia con las estaciones de manera similar en otras latitudes, pero se inclina en distintos ángulos con respecto al horizonte. En el hemisferio sur, se inclina hacia el norte.

Al pasar de los siglos, empecé a reconocer los patrones de movimiento en el cielo. Aprendí a usar el Sol para saber la hora y a seguir las estaciones al observar los cambios en la trayectoria precisa del Sol en su ruta diaria. Descubrí que la Luna cambia de forma en un ciclo de fases que se repiten cada 29 o 30 días. Cerca del mar, observé las mareas y cómo cambian según estas fases. Durante las noches, aprendí a navegar observando a las estrellas y vi cómo las constelaciones cambian junto con las estaciones.

Domingo	Lunes	Martes	Miércoles	Jueves	Viernes	Sábado
				1	2	3
4	5	6	7	8	9	10
11	12	13	14	15	16	17
18	19	20	21	22	23	24
25	26	27	28	29	30	

▲ El ciclo de las fases de la Luna (mostrado aquí cómo aparecen en el hemisferio norte) se repite cada 29½ días. Por esto, la duración del mes se basa en este ciclo. Las mareas cambian según las fases de la Luna porque se deben a la gravedad que el Sol y la Luna ejercen sobre la Tierra. Las mareas son mayores en luna nueva y luna llena, cuando el Sol y la Luna están atrayéndolas en la misma dirección. Las mareas son menores entre estas fases, cuando el Sol y la Luna las están atrayendo en direcciones distintas.

▲ Muchas culturas antiguas construyeron estructuras para que les ayudaran a observar la trayectoria cambiante del Sol, de tal manera que pudieran seguir los cambios de las estaciones para facilitar su agricultura, su caza y sus prácticas religiosas.

Empecé a usar mis habilidades de navegación para viajar. Me sorprendí al descubrir nuevas constelaciones cuando viajaba hacia el norte o hacia el sur. Estaba claro que había más Tierra y más cielo del que veía desde la casa. Al aprender esto, pronto me di cuenta de lo que pasa durante *los eclipses lunares*, cuando la sombra de la Tierra se proyecta sobre la Luna. La suave curvatura de la sombra seguramente quería decir que nuestro mundo era redondo.

En vez de mi antigua idea de una Tierra plana con un cielo en forma de una cúpula, empecé a imaginar el cielo como una gran esfera que contenía al Sol, la Luna y las estrellas con nuestra Tierra redonda en su centro.

▼ Las estrellas siguen trayectorias circulares durante de la noche, girando alrededor de un punto que depende de tu localización (tu latitud). Cuando te mueves hacia el norte o hacia el sur, este punto central se mueve en el cielo hacia arriba o hacia abajo, lo cual demuestra que hay más cielo del que se puede ver desde un mismo lugar.

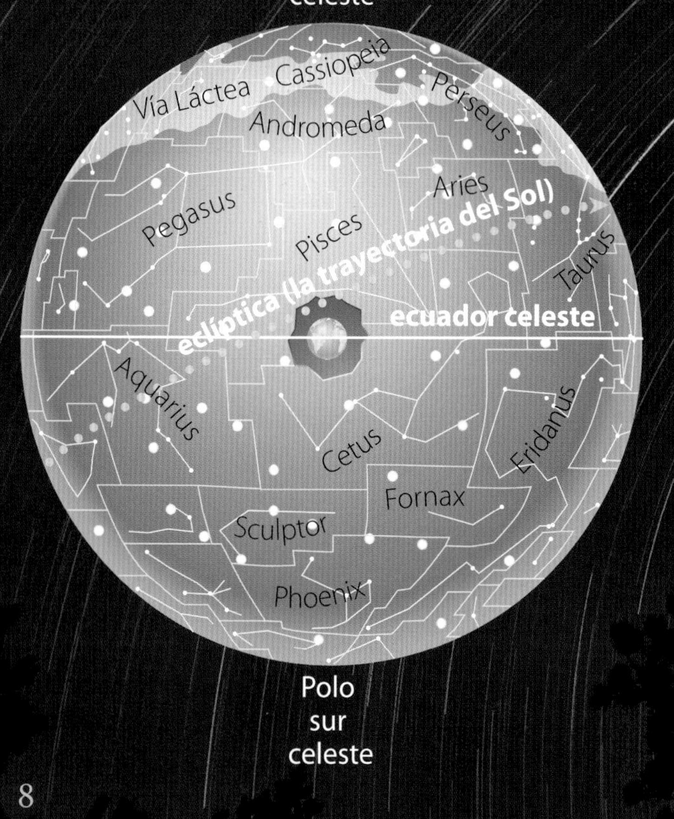

◄ Este diagrama muestra la antigua idea de la Tierra en el centro de una gran *esfera celeste*. En realidad, cada estrella está a una distancia distinta de la Tierra, pero las estrellas parecen formar parte de esta esfera celeste porque están tan lejanas que nuestros ojos no pueden notar la diferencia entre sus distancias. El Sol y la Luna también parecen estar en esta esfera, con el Sol completando su movimiento alrededor de ella en un año y la Luna en un mes.

Mi nueva idea parecía tener mucho sentido. Ahora podía explicar las trayectorias diarias del Sol, la Luna y las estrellas en mi cielo al imaginarme la gran esfera girando una vez al día alrededor de la Tierra. Para tener en cuenta los cambios de las estaciones y de las fases de la Luna, me imaginé al Sol y la Luna moviéndose lentamente entre las constelaciones en la esfera gigante.

▼ Desde cualquier lugar puedes ver, en general, un eclipse lunar cada uno o dos años. Aquí se muestran, de izquierda a derecha, varias imágenes que se tomaron durante la primera hora de un eclipse, mientras la sombra de la Tierra se proyecta y avanza sobre la superficie de la Luna. La redondez de la sombra demuestra que la Tierra es una esfera.

◀ La esfera celeste parece girar alrededor de nosotros una vez al día y, por esto, las estrellas parecen moverse en círculos alrededor de un punto central en el cielo; ten en cuenta que este punto está precisamente encima del polo norte o del polo sur de la Tierra, dependiendo de dónde vivas. Hoy sabemos que es la *Tierra* la que rota de oeste a este y por lo tanto el Sol, la Luna, los planetas y las estrellas (aquellas cuyas trayectorias diarias las esconden bajo el horizonte) parecen salir por el este y ponerse por el oeste.

Sin embargo, había algo que me desconcertaba. Mis ojos podían distinguir cinco “estrellas” brillantes que, de manera similar al Sol y la Luna, no permanecían fijas entre las constelaciones. Se movían lentamente, pero, a diferencia del Sol y la Luna, en ocasiones cambiaban de dirección y regresaban en dirección opuesta durante algunas semanas o meses. Los llamé *planetas* y, por un tiempo, pensé que quizá tenían voluntad propia.

▼ Únicamente cinco de los planetas que ahora conocemos son lo suficientemente brillantes para haber sido reconocidos en la antigüedad. Esta foto los muestra a la vez en el cielo del 2002; no volverá a aparecer así de cerca hasta el año 2040. Es interesante, porque la palabra *planeta* (que en griego significa “vagabundo”) se refería originalmente a objetos que parecían moverse entre las estrellas en nuestro cielo. En tiempos antiguos, los “planetas” incluían al Sol y la Luna, pero no a la Tierra. Esto daba un total de 7 “planetas” y, por lo tanto, nuestro calendario tiene una semana de 7 días.

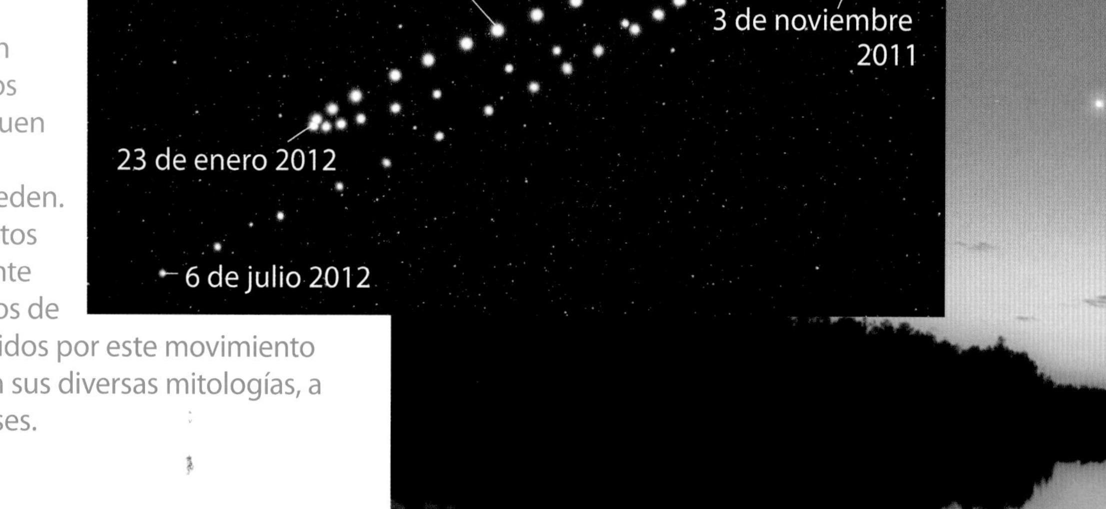

▶ Cada planeta sale por el este y se pone por el oeste. Si los observas durante muchas noches, verás que se mueven con respecto a las estrellas. El Sol y la Luna siempre se mueven en la misma dirección, los planetas, en cambio, siguen trayectorias en las que a veces parece que retroceden. Esta imagen combina fotos de Marte tomadas durante varios meses. Los pueblos de la antigüedad, sorprendidos por este movimiento misterioso, asociaron, en sus diversas mitologías, a los planetas con sus dioses.

Tardé siglos en entender las misteriosas trayectorias de los planetas. Finalmente, hace unos 2,000 años, se me ocurrió una idea que parecía explicarlas—al menos por un tiempo.

Me imaginé que cada planeta giraba en órbita alrededor de la Tierra en un pequeño círculo que giraba alrededor de uno mayor, de tal manera que el planeta retrocedía cuando estaba en la parte interior de su círculo. Usé las matemáticas para hacer un diagrama preciso de círculos girando dentro de otros círculos a fin de poder predecir cuándo y dónde los planetas aparecerían en el cielo nocturno.

▲ Para explicar el hecho de que el Sol, la Luna y los planetas se mueven entre las estrellas, los sabios de la antigua Grecia propusieron que cada uno de estos objetos se movía en su propia esfera, cada esfera alojada dentro de una esfera exterior de estrellas. Esto les permitió explicar el movimiento del Sol y de la Luna, porque supusieron que estas dos esferas giraban ligeramente más despacio que la esfera de las estrellas. Pero esto todavía no explicaba el extraño movimiento de los planetas.

planeta

Tierra

► Hace unos 2,200 años, los sabios griegos tuvieron una idea que parecía funcionar: Imaginaron que cada planeta giraba en un círculo menor, mientras el centro de este círculo giraba alrededor de un círculo mayor en cuyo centro se encontraba la Tierra. El diagrama muestra cómo esto daría la impresión que un planeta aparentase retroceder cuando está en la parte interior del círculo pequeño (tal como lo hace Marte en la página de la izquierda). Esto se llama un modelo: una idea científica que pretende explicar algo y que se puede usar para hacer predicciones. Este modelo geocéntrico, con la Tierra en el centro, fue formulado matemáticamente por Claudio Ptolomeo (*Ptolemy*, en inglés) cerca del año 150 de la era común.

Durante más de mil años pensé que había encontrado la solución. La Tierra estaba en el centro del universo, las estrellas estaban en una enorme esfera que nos rodeaba y los planetas se movían en círculos cuyos centros se movían también en círculos. Sin embargo, con el paso del tiempo, construí mejores instrumentos de medición y noté que mis predicciones acerca de la posición de los planetas en el cielo nocturno no correspondían exactamente con mis observaciones. Empecé a dudar todo lo que creía haber aprendido. ¿Podría ser que todas mis ideas acerca del universo estuvieran equivocadas?

▼ El modelo de Ptolomeo con la Tierra en el centro de círculos dentro de círculos permaneció en uso durante más de 1,400 años, en parte porque funcionaba bastante bien. Pero con el paso del tiempo, los errores se hicieron más notables. A la izquierda de esta foto nocturna de París, aparece Júpiter como a 3 grados (dentro de los 360 grados que hay en un círculo) a la izquierda de la Luna. Ya en la época del Renacimiento en Europa, el modelo de Ptolomeo predecía la posición de Júpiter en el lado incorrecto de la Luna.

▶ Mejores instrumentos de medición hicieron que los errores del modelo de Ptolomeo fueran más evidentes. Esta foto muestra uno de estos instrumentos, llamado el astrolabio. Como muchas otras herramientas de la ciencia, el astrolabio fue considerablemente mejorado por los sabios de la primera verdadera universidad "La casa de la sabiduría" en Bagdad. Allí, los sabios islámicos que lo construyeron trabajaron estrechamente con sabios de distintas religiones y culturas.

Un día intenté una nueva idea. En vez de suponer que todo giraba alrededor de la Tierra, me imaginé que la Tierra y los otros planetas giraban alrededor del Sol. Me di cuenta que esta idea podría explicar el enigmático movimiento de los planetas, porque así aparecería que un planeta se mueve hacia atrás cada vez que la Tierra lo sobrepasase en su órbita. No había considerado seriamente esta idea en el pasado, pero ahora trabajé duro para demostrar si esto era realmente lo que pasaba.

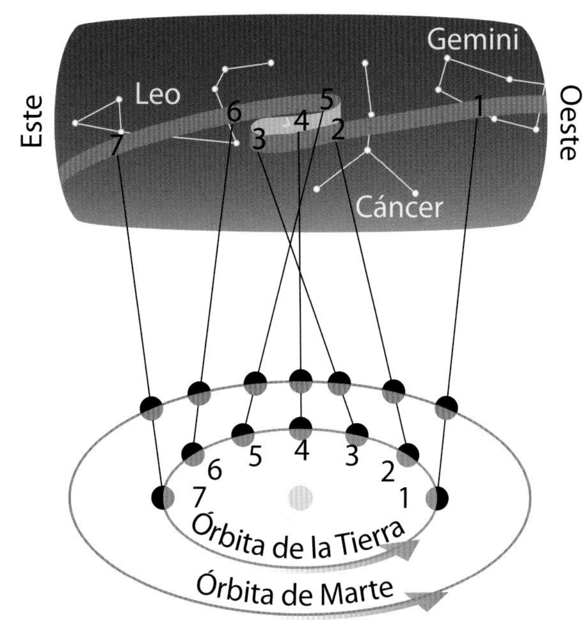

▲ Este diagrama muestra cómo el modelo con el Sol en el centro explica de forma sencilla el enigmático movimiento de Marte. Tanto este planeta como la Tierra siempre giran en la misma dirección alrededor del Sol, pero la Tierra gira más rápidamente. Al conectar los puntos en diferentes posiciones de sus órbitas, puedes ver cómo Marte *aparentemente* retrocede (respecto a las estrellas) cuando lo sobrepasamos en nuestra órbita.

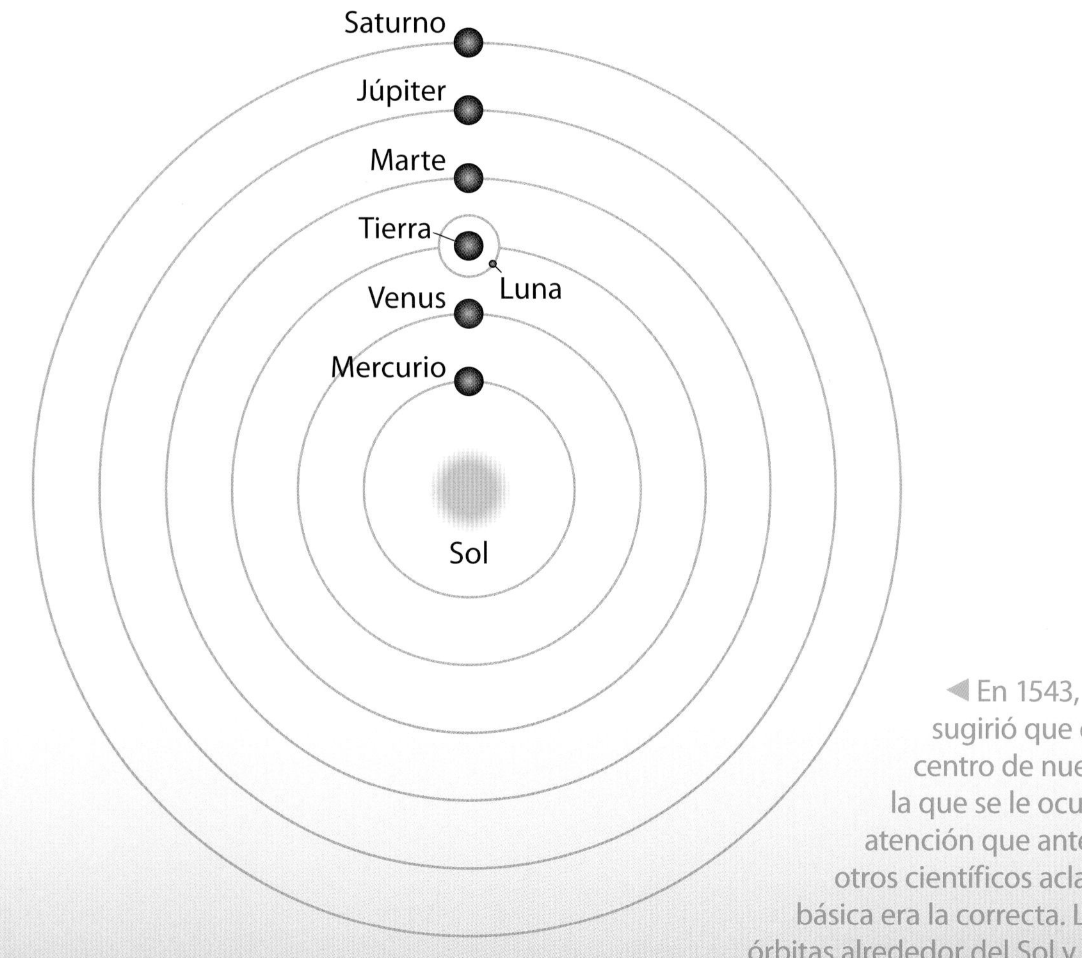

◀ En 1543, Nicolás Copérnico publicó un libro en el que sugirió que es el Sol, en vez de la Tierra, el que está en el centro de nuestro sistema solar. No fue la primera persona a la que se le ocurrió esta idea, pero su libro llamó mucho más la atención que antes. Aun cuando pasaron décadas antes de que otros científicos aclararan los detalles, hoy sabemos que su idea básica era la correcta. La Tierra y los otros planetas giran en realidad en órbitas alrededor del Sol y las estrellas están mucho más lejos.

Pronto descubrí leyes con las que podía predecir las posiciones de los planetas con tanta precisión que estaba casi seguro de que mi nueva idea era la correcta. Me convencí aún más después de haber construido mis primeros telescopios. Vi las lunas de Júpiter girando a su alrededor, demostrando que la Tierra no era el centro de todo el universo. Vi a Venus cambiar de fase de tal forma que demostró que giraba alrededor del Sol y no de la Tierra. Finalmente, vi que *la Vía Láctea*, que cruzaba todo mi cielo, estaba formada por un número incontable de estrellas, lo que demostró que el universo tiene mucho más de lo que se ve a simple vista. Hace unos 400 años, ya no tenía yo ninguna duda: La Tierra *no* es el centro del universo, sino simplemente un planeta más que gira alrededor del Sol.

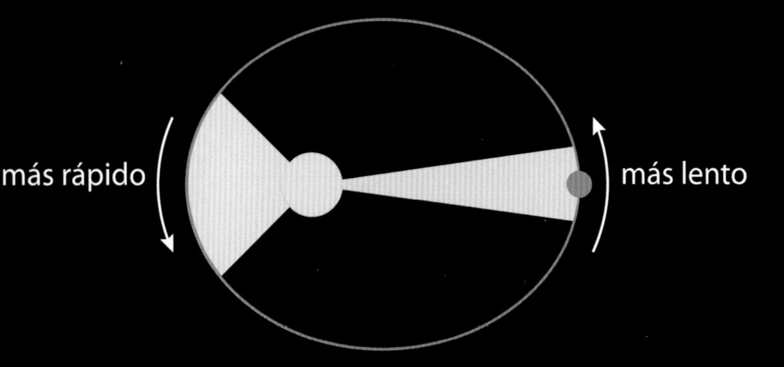

▲ Copérnico supuso que los planetas tendrían orbitas perfectamente circulares, pero realmente no es así. La verdadera forma de las órbitas de los planetas la descubrió Johannes Kepler. El diagrama muestra las primeras dos leyes de Kepler sobre el movimiento de los planetas, publicadas en 1609: (1) La órbita de cada planeta tiene forma de *elipse*, con el Sol ligeramente fuera de su centro (en un *foco* de la elipse). (2) Los planetas se mueven más rápido en la sección de su órbita que está más cerca del Sol. (Los dos triángulos del diagrama muestran esta ley en forma más técnica: un planeta siempre barre áreas iguales en tiempos iguales.) Las leyes de Kepler predicen casi perfectamente las posiciones de los planetas en el cielo.

▼ Empezando en 1609, Galileo construyó telescopios con el propósito de observar el cielo nocturno. Aquí lo vemos con tres de sus primeros descubrimientos que ayudaron a demostrar que la Tierra realmente gira alrededor del Sol.

Ahora que ya sabía que los planetas giraban alrededor del Sol, me empecé a preguntar el *por qué*. Para averiguarlo, usé el mismo método que ya me había funcionado tan bien. Hice observaciones cuidadosas y traté de encontrar formas sencillas para encontrar la explicación de mis observaciones y usé las matemáticas para hacer predicciones que podría yo comprobar haciendo nuevas observaciones. Llamé a mi estrategia *el método científico* y muy pronto obtuve mi respuesta: La misma gravedad que mantiene a mis pies sobre el suelo, mantiene también a la Luna en órbita alrededor de la Tierra y a los planetas alrededor del Sol. Había descubierto que vivo en un *uni*verso en el que se cumplen las mismas leyes tanto en la Tierra como en el espacio.

PHILOSOPHIÆ NATURALIS PRINCIPIA MATHEMATICA. Autore JS. NEWTON, Trin. Coll. Cantab. Soc. Matheseos Professore Lucasiano, & Societatis Regalis Sodali. IMPRIMATUR. S. PEPYS, Reg. Soc. PRÆSES. Julii 5. 1686. LONDINI, Jussu Societatis Regiæ ac Typis Josephi Streater. Prostat apud plures Bibliopolas. Anno MDCLXXXVII.

▲ En 1687, Isaac Newton publicó un libro que incluía su descubrimiento de la ley de la gravedad. Dijo que su momento de inspiración fue cuando vio caer una manzana de un árbol y se dio cuenta que la misma gravedad que hace que la manzana caiga es la que hace que la Luna gire en órbita alrededor de la Tierra y los planetas alrededor del Sol.

◀ La gravedad actúa de la misma manera en todo el universo, siempre atrayendo a los objetos entre sí. Nos atrae hacia la Tierra, que es lo que nos mantiene sobre el suelo. Atrae a los planetas hacia el Sol y explica porqué los planetas giran en órbita alrededor del Sol. La gravedad incluso atrae a las galaxias lejanas entre sí, provocando que choquen entre ellas en algunas ocasiones.

Mi nueva forma de hacer avanzar a la ciencia me ayudó también a crear nuevas tecnologías. Pronto estaba construyendo telescopios cada vez más potentes y cada nuevo telescopio me llevó a descubrir cosas nuevas. Vi los casquetes polares en Marte y los anillos de Saturno. Descubrí dos nuevos planetas que nunca había yo visto a simple vista. También encontré muchos otros objetos pequeños girando alrededor del Sol acompañando a los planetas. Finalmente, me di cuenta que la Tierra es sólo un miembro más en una gran familia de mundos que se mantienen juntos por la gravedad del Sol. Llamé a esta familia nuestro *Sistema Solar.*

▼ Nuestro sistema solar, tal como lo conocemos hoy. Los cuatro planetas interiores son relativamente pequeños y están relativamente cercanos. Los cuatro planetas exteriores son mucho más grandes y están más alejados unos del otros. Los *asteroides* son más pequeños que los planetas y están hechos de roca y metal; la mayoría están en el *cinturón de asteroides* entre las órbitas de Marte y de Júpiter. Los *cometas* son similares a los asteroides excepto que contienen una gran cantidad de hielo y muchas de sus órbitas alcanzan más allá de los planetas. A algunos de los asteroides mayores y cometas, tales como Ceres, Plutón y Eris, se les llama "planetas enanos". (En este diagrama los planetas se muestran a una escala como de mil veces con respecto al tamaño de sus órbitas y el Sol *no* está a la misma escala, ya que sería unas diez veces mayor que Júpiter; así es que llenaría la página si se usara la misma escala de los planetas.)

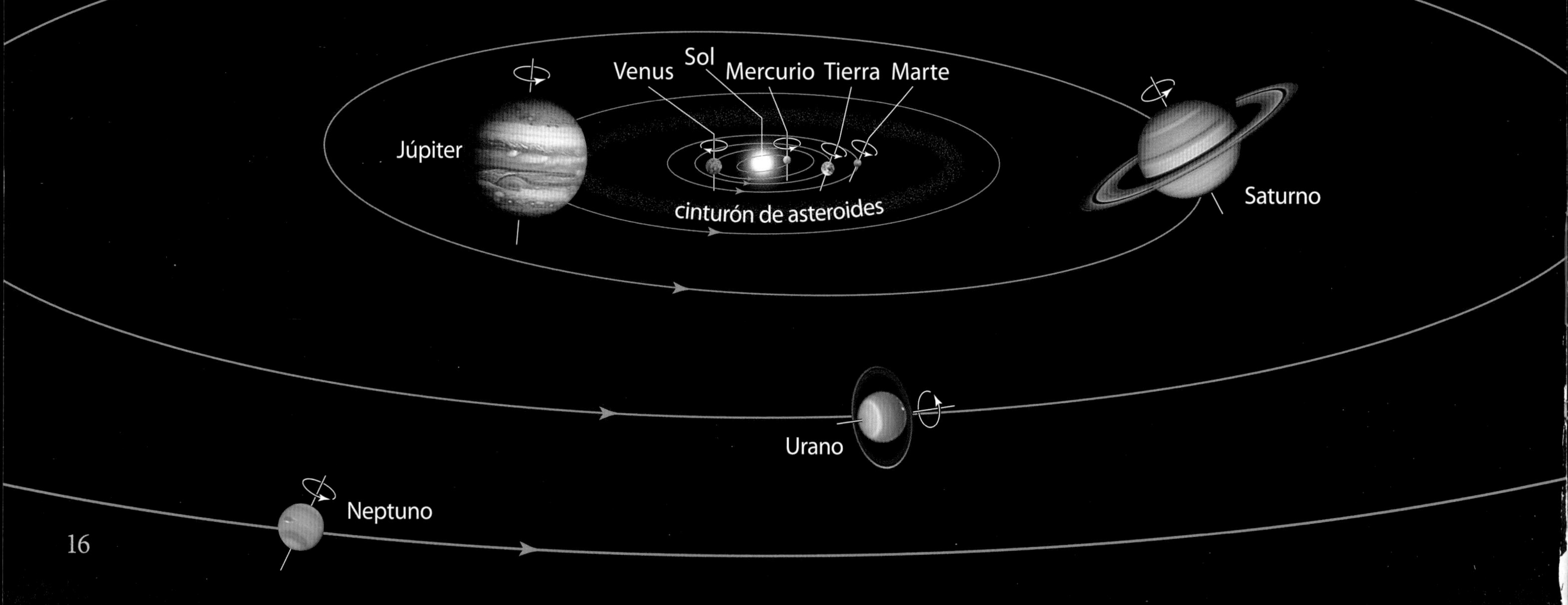

Lo más sorprendente fue que me di cuenta de que las estrellas no son simplemente luces en el cielo nocturno. Las estrellas son soles distantes y cada una de ellas se vería tan grande y tan brillante desde un planeta cercano a ellas como vemos nosotros al Sol. Me preguntaba si alguna de estas estrellas tiene en realidad planetas propios y, de ser así, si tiene seres que ven a nuestro Sol como una estrella más en el cielo nocturno.

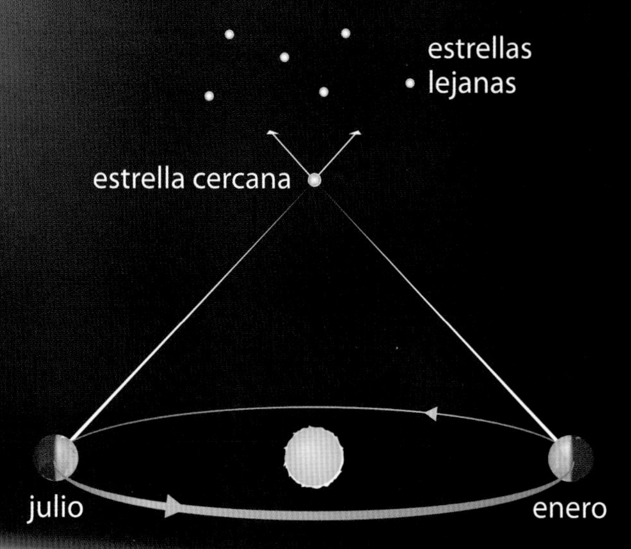

▲ Hoy en día, los astrónomos pueden medir las distancias a muchas estrellas de manera muy precisa. Para entender cómo, extiende tu mano y mantén un dedo fijo y entonces abre y cierra alternativamente primero el ojo derecho y luego el izquierdo. Notarás que a pesar de que tu dedo no se mueve, *aparenta* moverse de un lado a otro. De la misma manera, la posición de una estrella se mueve ligeramente cuando la vemos en distintas épocas del año. La cantidad de movimiento, o *paralaje*, permite calcular la distancia a la estrella.

▼ Hacia los últimos años del siglo XVII, los científicos se dieron cuenta que el Sol era una estrella y que las estrellas que vemos en la noche se ven tenues sólo porque están muy lejos. Christiaan Huygens, cuya cita puedes leer abajo, fue uno de los primeros en darse cuenta de este hecho y en entender el verdadero tamaño de nuestro sistema solar.

"Qué tan vastas deben ser estas esferas y cuán insignificante es esta Tierra, el teatro en el cual hacemos nuestros diseños, nuestras navegaciones y nuestras guerras, cuando se la compara a ellas. Una consideración muy apropiada y un tema para reflexionar para esos reyes y príncipes que sacrifican las vidas de tanta gente sólo para satisfacer su ambición de ser dueños y señores de un despreciable rincón de este pequeño punto." —Christiaan Huygens, c. 1690

Estaba aprendiendo rápidamente que el universo era mucho más vasto de lo que me había imaginado en mi juventud. Al estudiar la posición de las estrellas en el cielo, descubrí que nuestro Sol es parte de una gran colección de estrellas que hoy llamamos *la Galaxia de la Vía Láctea*. La galaxia tiene tantas estrellas — más de 100 mil millones — ¡que me llevaría miles de años contarlas en voz alta! Vivimos relativamente alejados del centro de la galaxia y nuestro sistema solar gira alrededor de él una vez cada 200 millones de años.

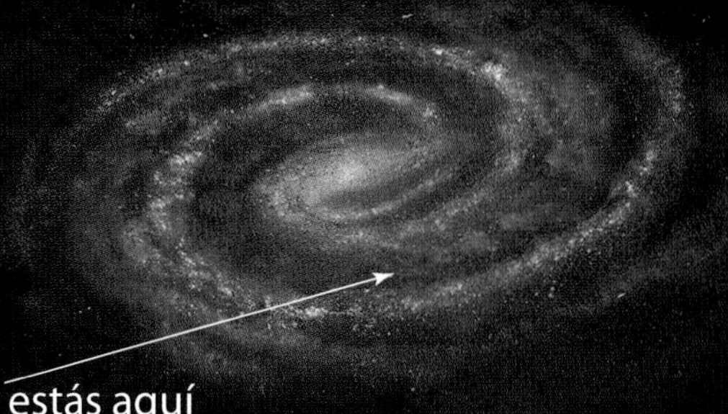

▲ Esta ilustración muestra a nuestra galaxia de la Vía Láctea cómo se vería si pudiéramos verla desde su exterior. El disco brillante, con su protuberancia central y sus brazos espirales, brilla con una luz combinada de más de 100 mil millones de estrellas, junto con grandes nubes de gas y polvo en las que se están formando nuevas estrellas. La flecha indica la posición aproximada de nuestro sistema solar, que está situado hacia a la mitad del disco de la galaxia.

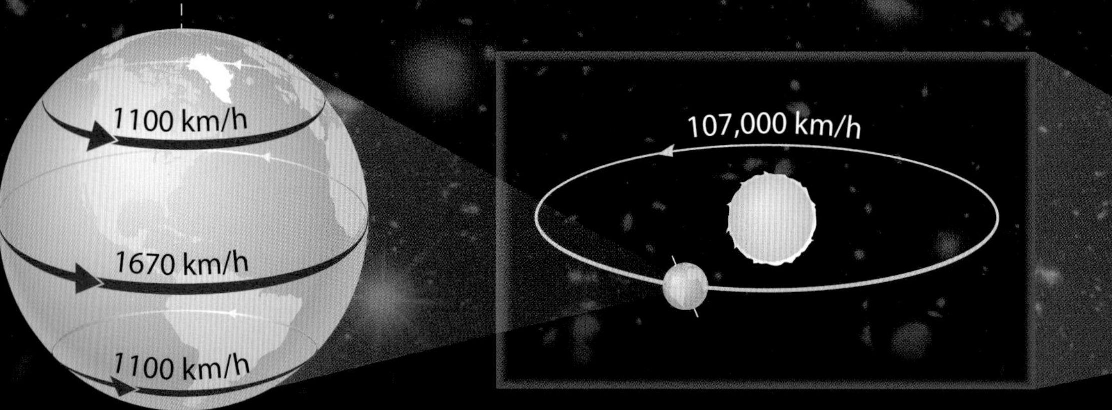

▲ Aun cuando nos sintamos "inmóviles" en la Tierra, en realidad estamos viajando a grandes velocidades. La rotación diaria de la Tierra en su eje nos arrastra a más de 1,000 kilómetros por hora. Viajamos a más de 100,000 kilómetros por hora en nuestra trayectoria anual alrededor del Sol. Además, junto con todo nuestro sistema solar, giramos en órbita alrededor del centro de la galaxia a una velocidad aproximada a 800,000 kilómetros por hora.

El cambio más grande en mi perspectiva todavía estaba por ocurrir. Durante un tiempo no estuve seguro de que existiera algo más allá de los confines de nuestra Vía Láctea. Pero al construir telescopios aún más potentes, me di cuenta de que el universo estaba lleno de galaxias, algunas de ellas tan distantes que su luz ha tardado miles de millones de años en llegar, finalmente, a nosotros. También descubrí que las galaxias se están alejando unas de otras al correr del tiempo. Aparentemente, nuestro universo entero se está expandiendo. Esto quiere decir que era más pequeño en el pasado y que va a ser más grande en el futuro.

▲ En 1929, Edwin Hubble (en cuyo honor se nombró el Telescopio Espacial Hubble) anunció su descubrimiento de que las galaxias en el universo se están separando al correr del tiempo. En otras palabras, todo el universo se está haciendo más grande, o sea, se está *expandiendo* con el paso del tiempo. Los tres cubos muestran esta idea en una pequeña porción del universo. El cubo de la izquierda representa el pasado lejano cuando las galaxias estaban más próximas unas a otras y el cubo de la derecha muestra a las galaxias en la actualidad.

▲ Hoy sabemos que nuestro universo está lleno de galaxias, cada una con millones o miles de millones de estrellas, la mayoría con planetas que giran a su alrededor. Debido a que le lleva a la luz cierto tiempo en cruzar las enormes distancias del espacio, vemos a las galaxias como fueron cuando su luz inició su recorrido hace mucho tiempo en el pasado. Algunas de las galaxias en esta fotografía del Telescopio Espacial Hubble están tan lejos que su luz ha viajado durante más de 12 mil millones de años antes de llegar a nosotros.

En el último siglo, mi conocimiento ha aumentado cada vez más rápidamente. He descubierto mucho más acerca de las leyes de la naturaleza que lo gobiernan todo desde los diminutos átomos hasta los grupos de galaxias. He usado estas leyes para averiguar cómo nacen las estrellas y los planetas y cómo las estrellas viven y luego mueren. Mi conocimiento de las leyes de la naturaleza me ha ayudado a darme cuenta también que el universo tiene objetos muy extraños, como los *agujeros negros*, que de hecho curvan el espacio y el tiempo.

▼ La nebulosa de Orión es una gran nube de gas y polvo en la que se puede ver la formación de nuevas estrellas y planetas.

▲ La nebulosa del Cangrejo contiene los restos de una estrella que terminó su vida con una explosión titánica que se conoce como una *supernova*.

▼ Esta simulación de computadora muestra lo que podrías ver si observaras un agujero negro con estrellas visibles en el fondo. Presta atención a los extraños arcos de luz y las imágenes dobles de las estrellas que son el resultado de las distorsiones del tiempo y el espacio causadas por el agujero negro. *La Teoría de Relatividad* de Einstein explica estas distorsiones.

He construido telescopios cada vez más grandes y he enviado algunos de ellos al espacio donde me permiten ver formas de luz que no pueden atravesar la atmósfera para llegar a la superficie de la Tierra. Usando computadoras para analizar todos los datos, he empezado a entender el tamaño y la edad de todo nuestro universo. También he comprobado que otras estrellas también tienen planetas propios y que muchos de estos planetas tienen tamaños y órbitas muy similares a los de la Tierra.

▼ Docenas de telescopios han sido lanzados al espacio, incluyendo al Telescopio Espacial Hubble, que se muestra aquí en órbita alrededor de la Tierra.

► Todos los colores que nuestros ojos pueden ver están incluidos en lo que llamamos la *luz visible*. Existen muchas otras formas de luz que nuestros ojos no pueden ver. Este diagrama muestra las diferentes formas de la luz y muestra hasta qué punto penetran en nuestra atmósfera. Ten en cuenta que muchas de estas formas de luz no llegan a la superficie de la Tierra y, por lo tanto, sólo pueden ser estudiadas con telescopios a grandes alturas o en órbita en el espacio.

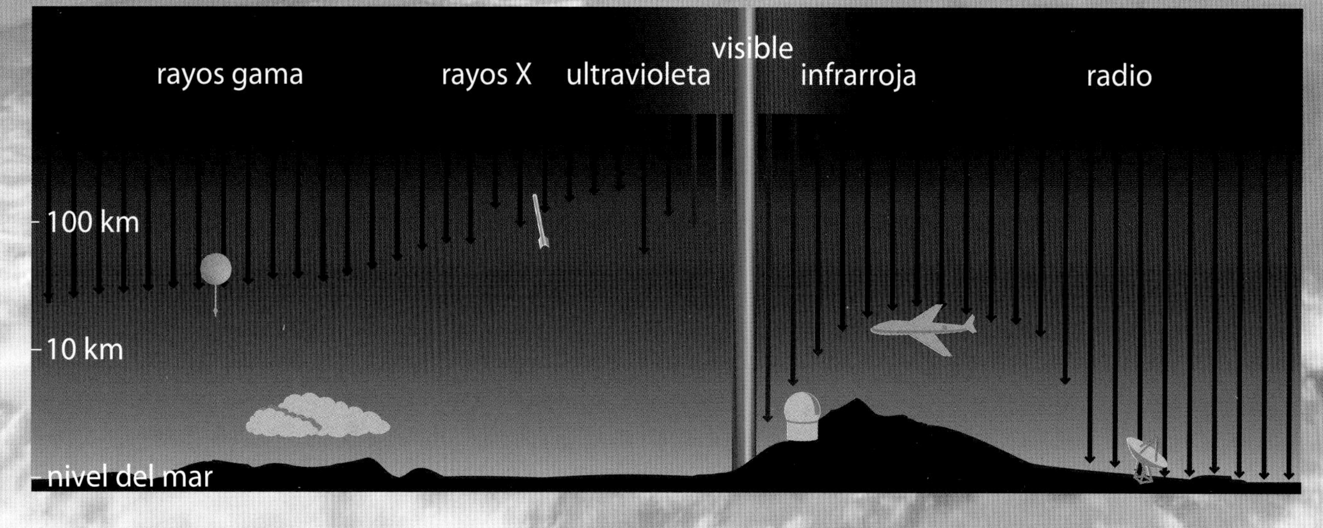

He empezado incluso yo mismo a viajar al espacio. He construido estaciones espaciales y desde sus órbitas puedo observar a la Tierra. He caminado en la Luna. Y aun cuando todavía no he viajado yo mismo más allá de la Luna, he enviado naves robóticas por todo nuestro sistema solar.

▼ La Estación Espacial Internacional gira en órbita alrededor de la Tierra cada 90 minutos. Desde su construcción, ha sido visitada por más de 200 astronautas de más de una docena de países y de numerosas culturas y religiones.

▲ La primera visita humana a otro mundo ocurrió en julio de 1969 cuando Neil Armstrong y Buzz Aldrin pusieron pie en la Luna. Los humanos todavía no hemos visitado otros mundos.

▲ Hemos mandado naves robóticas a todos los planetas y a muchas lunas, asteroides y cometas. Esta ilustración muestra al *Voyager 2*, que visitó los planetas Júpiter, Saturno, Urano y Neptuno y que aún hoy continúa su viaje hacia el espacio exterior.

Estos robots me hacen anhelar mis propios viajes. Pronto, espero, exploraré las montañas y valles de Marte, caminaré sobre el hielo de Europa, una de las lunas de Júpiter, y navegaré por los mares de Titán, una de las lunas de Saturno. Me pregunto seguidamente si encontraré seres vivos en estos o en otros mundos de nuestro sistema solar.

▲ Esta ilustración muestra la superficie de Europa, una luna de Júpiter, con Júpiter en el fondo. Europa está cubierta con una gruesa capa de hielo, pero los científicos sospechan que hay un océano de agua salada bajo su helada superficie. ¿Podría haber criaturas vivas nadando en los océanos perpetuamente oscuros de Europa?

▶ Titán, una de las lunas de Saturno, está demasiado fría para tener agua líquida, pero tiene ríos, lagos y mares extremadamente fríos de metano y etileno líquidos. Aquí vemos una ilustración que representa lo que podríamos ver si navegáramos por uno de los lagos de Titán.

▲ Marte tiene algunas de las montañas más altas y cañones más profundos del sistema solar. Aquí se ve la superficie de Marte fotografiada por un explorador robótico llamado *Curiosity*. Aun cuando Marte no tiene agua hoy en día, los exploradores robóticos han encontrado evidencias claras de lagos y posiblemente mares que existieron en el pasado, lo cual hace que los científicos se pregunten si Marte tuvo alguna vez vida.

A pesar de todo lo que he aprendido, todavía tengo muchas preguntas que hay que contestar. Sé de qué están hechos los planetas y las estrellas, pero he descubierto que las galaxias también contienen una misteriosa *materia oscura* cuyas propiedades todavía no conozco. Aún más extraño me parece el hecho de que he descubierto que las galaxias se están separando más rápidamente que antes y aun cuando esto se debe a lo que llamo la *energía oscura*, todavía no sé ni qué es ni por qué existe.

▼ Observaciones cuidadosas de la velocidad de expansión del universo muestran que ésta es mayor de lo que fue en el pasado. Los científicos dicen que la expansión se está *acelerando*, pero todavía nadie sabe el por qué.

▲ Grandes cúmulos de galaxias suelen tener grandes arcos de luz como los que se muestran aquí. En realidad, estos arcos son imágenes distorsionadas de otras galaxias que están atrás del cúmulo. La gravedad del cúmulo distorsiona la luz de la misma forma que un agujero negro puede hacerlo. Estudiar estas imágenes permite a los científicos calcular la fuerza de la gravedad y estos estudios revelan que la mayor cantidad de materia en el universo no emite luz y por lo tanto se le llama *materia oscura*. Todavía nadie sabe con precisión de qué está hecha.

Y, por supuesto, me pregunto si estoy solo o si hay otros como yo, viviendo en los miles de millones de planetas que giran alrededor de sus estrellas. Se desborda mi imaginación cuando pienso en los distintos tipos de vida y diversas civilizaciones que podrían existir en algún lugar lejano en el espacio.

▼ Recientemente los científicos han aprendido que es común que existan planetas alrededor de otras estrellas y que muchos de estos planetas tienen características similares a las de la Tierra. Aquí se muestran dos escenas imaginarias posibles en otros mundos. En la ilustración más pequeña (abajo) se ve un planeta similar a la Tierra con las luces de su propia civilización, que está en órbita alrededor de una estrella doble. La imagen más grande (que cubre la página entera) muestra la vista desde la superficie de un planeta en órbita alrededor de una estrella justo en el exterior de la Vía Láctea de manera que la galaxia completa puede verse en su el cielo nocturno.

Mientras tanto, traigo mis pensamientos de vuelta a la Tierra, para así reflexionar acerca de lo que he aprendido. En un tiempo relativamente corto, he realizado un increíble viaje científico. Al principio me imaginé a mí mismo en el centro del universo, pero ahora sé que soy solamente una de las muchas especies que viven en un pequeño planeta que gira alrededor de una estrella ordinaria, en una de las miles de millones de galaxias en un universo enorme.

Lo más importante es que, al aprender más del lugar que ocupo en el universo, he aprendido también de mí mismo. Puede ser que sea yo físicamente pequeño, pero cuando dedico mi mente a una tarea, soy capaz de grandes logros.

Porque yo soy la humanidad y aún soy joven. Si continúo construyendo y aprendiendo, no hay límite para mi futuro.

agujero negro Un objeto astronómico misterioso en el que la materia se encuentra tan comprimida que ni siquiera la luz puede escapar. Los astrónomos han descubierto muchos agujeros negros y se les puede estudiar mediante la teoría de relatividad de Einstein.

asteroides Objetos rocosos relativamente pequeños que giran alrededor del Sol.

ciencia La búsqueda de conocimiento que puede explicar y predecir fenómenos naturales. Este conocimiento debe ser confirmado por observaciones o experimentos.

cometas Objetos relativamente pequeños que contienen hielo y que giran alrededor del Sol. Son similares a los asteroides excepto que contienen más hielo y que en general están más lejos del Sol.

constelaciones Regiones del cielo que pueden ser identificadas por patrones visibles de estrellas.

eclipse lunar Un evento que ocurre cuando la Luna pasa a través de la sombra de la Tierra y sólo puede ocurrir durante una luna llena.

elipse Un tipo especial de óvalo que resulta ser la forma de la trayectoria de todas las órbitas planetarias, así como las órbitas de lunas y de otros objetos.

energía oscura El nombre que se le ha dado a la energía o fuerza desconocida que aparentemente es la causa de que la expansión del universo se está acelerando.

esfera celeste La esfera celeste representa la forma en la que las estrellas parecen estar situadas sobre una gran esfera alrededor de la Tierra. Es una ilusión que se debe a que no podemos percibir las distintas distancias a las que están las estrellas.

estrella Una gran esfera de gas a alta temperatura que emite luz; nuestro Sol es una estrella.

fases (tales como los de la Luna o de Venus) El cambio en la apariencia de un objeto cuando vemos diferentes partes del mismo iluminadas por la luz del Sol, incluyendo a su parte no iluminada.

galaxia Una gran isla de estrellas en el espacio que contiene millones, miles de millones y hasta millones de millones de estrellas que permanecen unidas debido a la gravedad y que giran en órbita alrededor de un centro común.

Galaxia de la Vía Láctea La galaxia en la que vivimos.

gravedad Una fuerza que atrae a la materia. En general, objetos más masivos tienen una gravedad mayor. Por ejemplo, tu cuerpo tiene poca gravedad, pero la Tierra tiene la suficiente gravedad para mantenerte pegado al suelo y el Sol tiene la suficiente gravedad para mantener al resto del sistema solar en órbita a su alrededor.

latitud Una medida de la distancia angular a partir del ecuador; el ecuador tiene latitud 0°, el polo norte tiene latitud 90°N y el polo sur tiene latitud 90°S.

Leyes de Kepler (del movimiento planetario) Las leyes que describen cómo giran los planetas en órbita alrededor de nuestro Sol.

luna Un objeto que gira alrededor de un planeta (o planeta enano, etc.).

materia oscura El nombre que se le ha dado a una forma desconocida de materia, basándose en sus efectos gravitacionales, que aparenta representar la mayor cantidad de materia en el universo.

modelo (científico) Una representación de algún aspecto de la naturaleza que se puede usar para explicar y predecir fenómenos reales.

nebulosa Una nube de gas (y polvo) en el espacio.

paralaje El cambio aparente de posición de un objeto con respecto al fondo debido a que se le ve desde posiciones distintas.

planeta Un objeto relativamente grande que gira en órbita alrededor de una estrella. Nuestro sistema solar tiene ocho planetas oficiales: Mercurio, Venus, Tierra, Marte, Júpiter, Saturno, Urano y Neptuno.

planetas enanos El nombre que se les ha dado a grandes objetos redondos, incluyendo a Ceres, Plutón y Eris, que giran en órbita alrededor del Sol, pero no son suficientemente grandes para ser considerados oficialmente como planetas.

relatividad (teoría de la) Nuestra actual explicación más adecuada de la naturaleza del espacio, el tiempo y la gravedad; desarrollada primero por Einstein.

sistema solar (o sistema de estrellas) Nuestro sistema solar consiste en el Sol y todos los objetos que giran en órbita a su alrededor, incluyendo a los planetas, lunas, asteroides y cometas. Otras estrellas tienen sistemas similares de objetos que giran en órbita a su alrededor.

universo Todas las galaxias y todo lo que éstas contienen y lo que hay entre ellas, que es lo mismo que decir la suma total de toda la materia y energía que existe.

universo en expansión El término que se usa para describir el hecho de que el espacio entre las galaxias está aumentando al pasar del tiempo.

Puedes encontrar actividades adicionales y recursos relacionados en www.BigKidScience.com.

Astronomía cultural (Todos los niveles)

Haz una investigación o pregunta a tus mayores para averiguar lo que se creía en tu cultura acerca del universo en tiempos antiguos. Discute con otros por qué estas creencias tenían sentido en aquellos tiempos, aun cuando sean diferentes de nuestro entendimiento moderno del universo.

Observando el cielo (Desde el tercer grado, o sea 8 años)

Nuestros ancestros estaban muy familiarizados con el cielo, tanto de día como de noche, pero desde que se generalizó el uso de la electricidad y la gente comenzó a vivir más en el interior de sus casas, mucha gente ha perdido este conocimiento. Trata de familiarizarte con el cielo de las siguientes maneras:

- Observa la trayectoria del Sol: Escoge un sitio desde donde tengas una vista del horizonte relativamente libre de obstáculos y haz unos bosquejos del horizonte al este y al oeste (por ejemplo, mostrando edificios y árboles). Visita este sitio al amanecer y al anochecer y marca la posición de la salida y puesta del Sol en tus bosquejos. Visítalo también a mediodía cuando el Sol esté más alto en el cielo. Puedes tener una medida de la altura del Sol sobre el horizonte, si extiendes tus brazos y cuentas el número de puños de tu mano que ves entre el horizonte y el Sol. Repite esto cada una o dos semanas durante varios meses y observa cómo va cambiando la trayectoria del Sol durante este período.

- Fases de la Luna: Prepara un calendario de al menos un mes. Cada día, dibuja cómo se ve la Luna en el cielo. (Debido a que en ocasiones la Luna sólo es visible en la tarde/el atardecer o en la mañana, asegúrate de buscarla tanto por la mañana como por la tarde de cada día). Una vez que haya transcurrido el mes, haz una lista de todas las cosas que has observado del ciclo de fases de la Luna y trata de explicar las razones de lo que has visto.

- Trayectoria de estrellas: Sal afuera en una noche clara sin nubes e identifica por lo menos tres estrellas brillantes: una localizada en el sur, una sobre tu cabeza y una hacia el norte. Dibújalas con sus estrellas vecinas, de tal manera que te sea posible identificar las mismas estrellas brillantes en otra noche. Sal entonces al anochecer y, empezando temprano, encuentra tus estrellas una vez cada hora, hasta que te vayas a dormir. ¿Puedes determinar cómo se mueven las estrellas en tu cielo?

- Planetas: Usa el Internet para averiguar cuándo Marte o Júpiter serán visibles en tu cielo nocturno. Entonces, una vez a la semana durante al menos dos meses, haz un dibujo de dónde está el planeta con respecto a las estrellas que le están próximas. ¿El planeta se mueve hacia el este o hacia el oeste relativo a las estrellas? ¿Tiene un movimiento de "retroceso" durante el período en que lo observaste? Usa la ilustración en la página 13 para tratar de establecer las posiciones relativas de la Tierra y de Marte o de Júpiter en sus órbitas, durante el período de tus observaciones.

Contando estrellas (Desde el quinto grado, o sea 10 años)

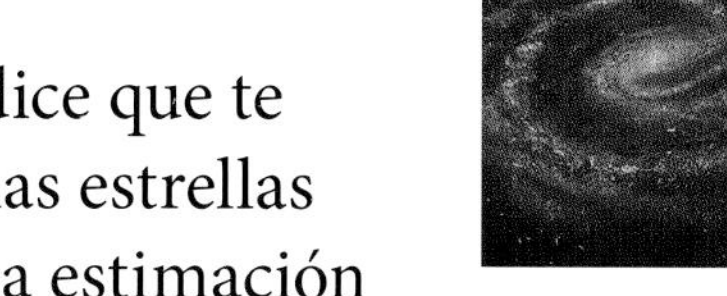

En la historia (página 18), se dice que te llevaría miles de años contar las estrellas de la Vía Láctea. Hagamos una estimación más precisa. Supón que la galaxia tiene 100 mil millones de estrellas (100,000,000,000), aun cuando el número real puede ser algunas veces mayor. Supón también que puedes contar una estrella cada segundo, así que te llevaría 100 mil millones de segundos contar a todas las estrellas. Haz una división sencilla (usando una calculadora, si quieres) para averiguar cuántos minutos, horas, días y años te llevaría contarlas. Usa tu resultado para discutir cómo afecta a tu perspectiva del tamaño de nuestra galaxia y del tamaño del universo.

Orbes enormes (Desde el quinto grado, o sea 10 años)

Vamos a tratar de hacernos una idea del tamaño relativo de nuestro sistema solar. La tabla a continuación muestra datos del Sol, la Tierra y Júpiter. Haz lo siguiente:

- Usaremos una escala de 1 a 10 mil millones, así que divide cada valor de la tabla entre 10 mil millones para tener su valor a escala. Entonces, pon los tamaños en unidades de centímetros y las distancias en unidades de metros. (Recuerda que 1 kilómetro = 1,000 metros y que 1 metro = 100 centímetros).
- Encuentra algún objeto que sea del tamaño aproximado de tu escala (tal como una pelota o alguna fruta redonda para el Sol y una canica o una cabeza de alfiler para los planetas). Pon el Sol en una posición central y aléjate la distancia necesaria según tu escala para poner a la Tierra y a Júpiter. Recuerda que los planetas giran alrededor del Sol a estas distancias. A la Tierra le lleva 1 año cada órbita y a Júpiter le lleva 12 años.
- La Luna es como ¼ del tamaño de la Tierra y está como a 400,000 kilómetros de distancia. ¿Dónde está según tu escala?
- Entabla una discusión o apunta tus impresiones de cómo el ver estos objetos a escala ha afectado tu perspectiva. ¿Te ayuda esto a entender la cita de Huygens en la página 17?

Objeto	*Diámetro*	*Distancia del Sol*
Sol	1,400,000 km	—
Tierra	12,800 km	150,000,000 km
Júpiter	143,000 km	778,000,000 km

Escritura creativa—*La perspectiva cósmica* (Desde el quinto grado, o sea 10 años)

Este libro ha introducido lo que a veces se llama *la perspectiva cósmica*, que muestra cómo nuestro entendimiento moderno del universo hace cambiar nuestra perspectiva de nosotros mismos y del nuestro planeta Tierra. Expresa tus propios pensamientos sobre la perspectiva cósmica redactando una escritura creativa en el formato que más te guste (como un cuento corto, una obra de teatro o un poema).

Proyecto de investigación (Desde el séptimo grado, o sea 12 años)

Escoge algún tema de este libro sobre el cual te gustaría saber más. Algunos ejemplos son: las misiones Apolo que visitaron la Luna, las misiones robóticas a Marte, cómo nacen las estrellas y los planetas, los agujeros negros, el universo en expansión, la materia oscura o la energía oscura. Usa el Internet para aprender más de tu tema y escribe un pequeño artículo de lo que has aprendido.

Una nota a los padres y a los maestros

Yo soy la humanidad está diseñado para ser mucho más que un libro. La intención es que sea parte de una experiencia educativa que ayude a su hijo o hija, alumno o alumna a desarrollar su máximo potencial. A fin de que sea así, quiero enfatizar algunas ideas clave que le ayudarán a utilizar mejor este libro.

Dentro del libro mismo: Como en todos los libros de Big Kid Science, notará que *Yo soy la humanidad* incorpora lo que llamamos los tres pilares de un aprendizaje exitoso: *educación, perspectiva e inspiración.*

- El pilar de la educación es el contenido específico de lo que queremos enseñarles a los alumnos; en este libro, el pilar de la educación incluye el entendimiento de cómo la ciencia usa las observaciones y el pensamiento lógico para aprender aspectos del mundo que nos rodea.
- El pilar de la perspectiva muestra a los alumnos cómo lo que están aprendiendo puede afectar la forma en que ven sus propias vidas así como el lugar que ocupa la humanidad en el universo.
- El pilar de la inspiración alienta a los alumnos a aprender más y a pensar en cómo ellos personalmente pueden ayudar a hacer de este mundo un lugar mejor.

Cuando lea este libro con sus hijos o alumnos, recuerde en enfocarse en estos tres pilares al realizar las actividades y discusiones sugeridas.

El sitio Internet del libro: Seguiremos publicando recursos adicionales en la página web del libro, incluyendo detalles acerca de los conceptos en cada página, actividades adicionales y más. Asegúrese de visitar el sitio en el Internet: **www.BigKidScience.com/ihumanity**.

La hora del cuento desde el espacio: *Yo soy la humanidad* es parte del nuevo programa emocionante llamado *Story Time From Space*, en el que los astronautas leen libros y realizan demostraciones relacionadas con las ciencias desde la Estación Espacial Internacional. Los videos y otros recursos educativos se ofrecen sin costo en: **www.StoryTimeFromSpace.com**.

◀ El libro *The Wizard Who Saved the World* flota frente a la ventana en la Estación Espacial Internacional.

▼ El astronauta Koichi Wakata se prepara para leer en japonés *Max Goes to the Space Station.*